Pasteur Bamouni Babou

La vérité Positionnelle

Pasteur Bamouni Babou

La vérité Positionnelle

Le Paquet Cadeau et ses 95 choses

Éditions Croix du Salut

Imprint

Cover image: www.ingimage.com

Publisher:
Éditions Croix du Salut
is a trademark of
Dodo Books Indian Ocean Ltd., member of the OmniScriptum S.R.L Publishing group
str. A.Russo 15, of. 61, Chisinau-2068, Republic of Moldova Europe
Printed at: see last page
ISBN: 978-620-3-84244-9

Le Paquet Cadeau et ses 95 choses

La vérité *Positionnelle*

Pasteur Bamouni Babou

TABLE DES MATIERES

PREFACE

Le vrai repos du cœur est manifesté lorsque dès sa conversion le chrétien reçoit un enseignement adéquat sur sa position en Christ dans les lieux célestes.

Son cœur ne peut être atteint et troublé par les traits enflammés de l'ennemi. L'ennemi rôdera autour de lui, rugissant cherchant à le séduire, mais sans succès, car le cœur de ce chrétien est déjà établi, enraciné dans le rocher de la Parole révélée. Il est affranchi par le Fils avec qui il est identifié dans sa mort, son ensevelissement, sa résurrection et sa glorification.

La révélation de sa position céleste en Christ lui permet de vivre et de marcher avec assurance sur cette terre de Canaan sans s'émouvoir devant les fils d'Anak, les Goliath, les Dathan, Koré, Abiram.

La méditation de cette brochure vous éclairera sur votre position céleste en Christ et vous aidera à marcher dans une vie chrétienne victorieuse et fructueuse.

Merci à Mon cher frère et Ami, l'homme au cœur gracieux, Le Pasteur BAMOUNI BABOU.

SHALOM !

Pasteur Mamadou Philippe KARAMBIRI
Du centre International d'Evangélisation
BURKINA FASO

La vérité positionnelle

Introduction

Éphésiens 1:7 *« En lui nous avons la rédemption par son sang, le pardon des péchés, selon la **richesse** de sa grâce, »*
Éphésiens 2:7 *« afin de montrer dans les siècles à venir **l'infinie richesse de sa grâce** par sa bonté envers nous en Jésus-Christ. »*
Éphésiens 3:8 *« À moi, qui suis le moindre de tous les saints, cette grâce a été accordée d'annoncer aux païens **les richesses incompréhensibles** de Christ, »*
Éphésiens 2 : 6 *il nous a ressuscités ensemble, et nous a fait asseoir ensemble dans les lieux célestes, en Jésus-Christ,*

Nous aurons besoin de l'éternité pour comprendre les richesses de Sa grâce.

L'expression « Infinie richesse » dans le grec c'est : ***Huperballo***
Huper / Au-dessus, au-delà, plus que ; Ballo – Jeter / Répandre
Cette expression signifie donc surpasser ou répandre au-delà de toute marque habituelle. Cela parle de supériorité en toute dignité.

Le verset 6 dit que nous sommes assis dans les lieux célestes et cela parle de ***Plus haut rang de dignité dans l'univers.*** C'est la position la plus élevée en dignité.

Nous avons besoin de l'éternité pour apprécier et comprendre ces réalités. **(Éphésiens 2:7)**

Position et nouvelle identité

Cette nouvelle position et cette nouvelle identité me placent au-dessus de tout.

Elle me place au-dessus :

- Des accusations du diable
- De ce que les gens pensent de moi
- Du sentiment de ne pas être à la hauteur des standards justes de Dieu.

Cher lecteur, ce livret est conçu pour aider à la compréhension de notre position en Christ. Regardons à Jésus pour une vie de succès.

La vérité positionnelle est :

- la vérité la plus importante
- la vérité qui donne le plus de puissance au croyant
- la vérité la plus pauvrement enseignée dans le christianisme aujourd'hui.
    - ✓ Les prédicateurs et enseignants abordent cette vérité comme une chose à atteindre plutôt qu'un point de départ.
    - ✓ Ils prêchent que nous avons de l'autorité qui dépend de notre marche.
- Ces prédicateurs s'évertuent à vous faire prendre des résolutions pour atteindre des standards qui semblent pieux.... .
- Le croyant qui l'ignore n'a ni puissance ni autorité spirituelle
- Elle est la vérité la plus négligée, et la plus attaquée : Satan ne peut plus arrêter celui qui a découvert la vérité positionnelle accordée par Dieu par grâce.

La vérité positionnelle c'est ce qui alimente ma marche aujourd'hui. C'est comme la Manne : bonne pour une journée.

Le verset d'Éphésiens 3:8 est à répéter.

Éphésiens 3:8 *« À moi, qui suis le moindre de tous les saints, cette grâce a été accordée d'annoncer aux païens* ***les richesses incompréhensibles*** *de Christ, »*

Les richesses *incompréhensibles* (dans la Bible Darby = Insondable) de Christ :

Dans le grec, le mot incompréhensible dans ce verset c'est anexichniastos : Et cette expression signifie :

- Ce qui ne peut être recherché, ce qui ne peut être compris, dont on ne peut découvrir la trace; ce qui est impénétrable.
- C'est une Chambre des trésors qui révèle qu'il y a plus. Il y a un trésor mais on ne peut en cerner ni la profondeur, ni la portée, ni l'étendue.
- C'est comme le vent = On peut en sentir l'effet du vent, mais on ne peut ni le suivre ni le trouver.

Il n'y a pas aucune possibilité de trouver ces richesses dans la pensée naturelle.

Cela doit être révélé **(1 Corinthiens 2:10)** « *Dieu nous les a révélées par l'Esprit. Car l'Esprit sonde tout, même les profondeurs de Dieu.* »

Dieu nous les a révélées par l'Esprit. Car l'Esprit sonde tout, même les profondeurs de Dieu.

Ce n'est pas quelque chose que je ressens ; c'est quelque chose que je crois et que je reçois. Je ne me sens pas toujours sauvé... et vous? Je sais toutefois qu'Il m'a sauvé ; j'ai accepté la vérité de Dieu qui dit que j'ai été rendu parfait pour toujours, ainsi que le disent ces versets.

« C'est en vertu de cette volonté que nous sommes sanctifiés, par l'offrande du corps de Jésus Christ, une fois pour toutes » ***Héb 10 :10***
« Car, par une seule offrande, il a amené à la perfection pour toujours ceux qui sont sanctifiés. » ***Héb 10 :14***

Je deviens gracieux si j'accepte cette vérité : Dieu est gracieux envers moi sans que je l'aie mérité. Il ne me demande pas de me racheter moi-même.

Je deviens gracieux parce que je n'exige pas que les gens fassent quelque chose pour être pardonnés ou aimés de moi.

Dieu permettra que des gens autour de vous et de moi échouent afin que nous les traitions à partir de leur position en Christ, plutôt que selon leur condition.

Dans une conférence à Boston, il y a quelques années, un conférencier disait, je cite : «*Traite quelqu'un comme un roi et il finira par se croire comme tel.* ».

Je crois qu'un pauvre enseignement sur la vérité positionnelle empêche les gens de trouver leur véritable identité.

Si je ne comprends pas la vérité positionnelle, je vais avoir besoin de travailler pour plaire à Dieu et Les gens vont devoir faire des preuves pour mériter mon amour

Cependant, Dieu donne librement et sans condition. Combien de choses inconditionnelles reçoit-on au moment du salut? Au moins 95!...

Au moins 68 non reliées à la marche, elles sont absolues et irrévocables. Au moins 27, où nous pouvons faire l'expérience de sa nature dans notre marche…

68 vérités positionnelles absolues et irrévocables :

01	**Il nous a choisis d'avance**	Romains 8 : 29 1 Pierre 1 : 2
02	**Il nous a élus Romains**	Romains 8 : 33 Colossiens 3 : 12 cf 1 Thessaloniciens 1: 4 Tite 1:1 ; 1 Pierre 1 : 2
03	**Il nous a prédestinés**	Romains 8 : 29-30 Éphésiens 1 : 5, 11
04	**Nous sommes choisis**	Matthieu 22 : 14 1 Pierre 2 : 4
05	**Nous sommes appelés**	1 Thessaloniciens 5 : 24
06	**Nous sommes réconciliés par Dieu**	2 Corinthiens 5 : 18-19 Colossiens 1 : 20
07	**Nous sommes réconciliés avec Dieu**	Romains 5 : 10 2 Corinthiens 5 : 20
08	**Nous sommes rachetés par Dieu**	Romains 3 : 24 Colossiens 1 : 14 1 Pierre 1 : 18
09	**Nous sommes nés spirituellement**	Jean 3 : 7 1 Pierre 1 : 23

10	**Nous sommes régénérés**	Jean 13 : 10 1 Corinthiens 6 : 11 Tite 3 : 5
11	**Nous sommes rendus justes, et la justice de Dieu est pour nous et sur nous qui croyons**	Romains 3 : 22 1 Corinthiens 1 : 30 2 Corinthiens 5 : 21 Galates 3 : 22 Philippiens 3 : 9
12	**Nous sommes justifiés**	Actes 13 : 39 Romains 3 : 26, 5 : 1, 8 : 30 1 Corinthiens 6 : 11 Tite 3 : 7
13	**Nous sommes glorifiés**	Romains 8 : 30
14	**Nous recevons l'Esprit d'adoption** **et Dieu est notre Père**	Romains 8 : 15-16, 23 Galates 4 : 4-6 1 Corinthiens 1 : 3, 8 : 6 Galates 1 : 4 Éphésiens 1 : 2, 4 : 6
15	**Nous sommes comblés en Lui**	Colossiens 2 : 10
16	**Nous sommes sanctifiés**	1 Corinthiens 1 : 30, 6 : 11

17	**Nous sommes pardonnés**	Actes 10 : 43 Romains 4 : 25 Colossiens 1 : 14, 2 : 13, 3 : 13 Éphésiens 1 : 7, 4 : 32 1 Pierre 2 : 24
18	**Nous sommes vivifiés**	Romains 4 : 17 Éphésiens 2 : 1 Colossiens 2 : 13
19	**Nous sommes perfectionnés pour toujours**	Hébreux 10 : 14
20	**Nous sommes acceptés**	Éphésiens 1 : 6 1 Pierre 2 : 5
21	**Nous avons part à l'héritage des saints**	Colossiens 1 : 12
22	**Nous sommes crucifiés avec Christ**	Romains 6 : 6, 6 : 8 Galates 2 : 20 1 Pierre 2 : 24
23	**Nous sommes ensevelis avec lui**	Romains 6 : 4 Colossiens 2 : 12
24	**Nous sommes ressuscités avec Lui**	Romains 6 : 4 Éphésiens 2 : 6 Colossiens 3 : 1
25	**Nous sommes assis dans les lieux célestes**	Éphésiens 2 : 4-6

26	**Nous sommes nés de l'Esprit**	Jean 3 : 6
27	**Nous sommes baptisés dans l'Esprit**	1 Corinthiens 12 : 13, 10 : 17
28	**Nous sommes le gage, ou le dépôt du Saint-Esprit, certifiant notre héritage futur**	2 Corinthiens 1 : 22 ; 5 : 5 Éphésiens 1 : 13-14
29	**Nous sommes habités par le Saint-Esprit**	Jean 7 : 39 Romains 5 : 5, 8 : 9 1 Corinthiens 6 : 19 2 Corinthiens 1 : 22 Galates 4 : 6
30	**Nous sommes scellés par l'Esprit**	Jean 7 : 39 2 Corinthiens 1 : 22 Éphésiens 1 : 13, 4 : 30
31	**Nous sommes en Dieu**	1 Thessaloniciens 1 : 1
32	**Nous sommes en Christ**	Jean 14 : 20
33	**Nous sommes dans l'Esprit**	Romains 8 : 9
34	**Nous sommes morts à la loi**	Romains 7 : 4
35	**Nous sommes délivrés de la loi**	Romains 6 : 14, 7 : 6 2 Corinthiens 3 : 11 Galates 3 : 25

36	**Nous sommes circoncis en Christ**	Romains 2 : 29 Philippiens 3 : 3 Colossiens 2 : 11
37	**Nous sommes rapprochés de Dieu par le sang de Christ**	Éphésiens 2 : 13 Jacques 4 : 8 Hébreux 10 : 22
38	**Nous sommes délivrés de la puissance des ténèbres**	Colossiens 1 : 13, 2 : 13 -15
39	**Nous sommes transportés dans le royaume de son Fils bien-aimé**	Colossiens 1 : 13
40	**Nous avons été confiés à Christ par le Père**	Jean 17 : 6, 11, 12, 20 ; 10 : 29
41	**Il nous donne la vie en Son nom** **et la vie éternelle en Son Fils**	Jean 20 : 31 Jean 3 : 15-16, 36 ; 5 : 24 ; 6 : 47 ; 11 : 25 1 Jean 5 : 11-12
42	**Nous ne mourrons jamais**	Jean 11 : 26
43	**Jésus-Christ est notre victime expiatoire**	Romains 3 : 25-26 1 Jean 2 : 2
44	**Jésus-Christ est notre fondement**	Éphésiens 2 : 20 1 Corinthiens 3 : 11 2 Corinthiens 1 : 21
45	**Jésus-Christ est notre vie**	Colossiens 3 : 4

46	**Il est notre Tête**	Colossiens 2 : 10
47	**Il est notre époux**	Éphésiens 5 : 25-27 2 Corinthiens 11 : 2
48	**Il est notre avocat**	1 Jean 2 : 1
49	**Il est notre frère**	Hébreux 2 : 11
50	**Il est notre ami**	Jean 15 : 15
51	**Il est notre Berger**	Jean 10 : 11 1 Pierre 2 : 25
52	**Il est notre grand prêtre**	Hébreux 3:1, 4:14, 6:20
53	**Nous sommes fils de Dieu et des enfants du Dieu vivant**	2 Corinthiens 6 : 18 Galates 3 : 26 1Jean 3 : 2 Romains 9 : 26
54	**Nous sommes une nouvelle création**	2 Corinthiens 5 : 17 Galates 6 : 15
55	**Nous sommes membres de Son Corps**	1 Corinthiens 12 : 13
56	**Nous sommes Son épouse**	Éphésiens 5 : 25-27
57	**Nous sommes saints**	1 Corinthiens 1 : 2
58	**Nous sommes Son saint sacerdoce et son sacerdoce royal**	1 Pierre 2 : 5, 91Pierre 2 : 9 Apocalypse 1 : 6

59	**Nous sommes une race choisie, un peuple particulier**	Tite 2 : 14 1Pierre 2 : 9
60	**Nous sommes Son héritage**	Éphésiens 1 : 18
61	**Nous sommes l'édifice de Dieu,** **et notre corps est son temple**	1 Corinthiens 3 : 9 1 Corinthiens 6 : 19
62	**Nous sommes citoyens célestes**	Luc 10 : 20 Ephésiens 2 : 19 Philippiens 3 : 20 Hébreux 12 : 22
63	**Nous sommes collaborateurs avec Lui**	1 Corinthiens 3 : 9 2Corinthiens 6 : 1
64	**Nous sommes ambassadeurs pour Christ**	2 Corinthiens 5 : 20
65	**Nous sommes serviteurs de Dieu**	2 Corinthiens 3 : 3, 6; 6 : 4
66	**Nous sommes Sa famille**	Galates 6 : 10 Éphésiens 2 : 19 ; 3 : 15
67	**Nous sommes son peuple**	2 Corinthiens 6 : 16
68	**Nous sommes Ses Bien-aimés**	Romains 9 : 25

Les 27 vérités expérimentales

01	**Il n'y a aucune condamnation pour le croyant**	Romains 8 : 1 Jean 3 : 18, 5 : 24 1 Corinthiens 11 : 32
02	**Nous régnons dans la vie comme plus que vainqueurs**	Romains 5 : 17 ; 8 : 37
03	**Nous sommes vivifiés**	Éphésiens 2 : 1 Colossiens 2 : 13
04	**Nous avons accès à Dieu**	Romains 5 : 2 Éphésiens 2 : 18 Hébreux 4 : 14-16 Hébreux 10 : 19-20
05	**Il nous aime**	Jean 3 : 16 Éphésiens 2 : 4, 5 : 2
06	**Il nous donne Sa Grâce**	Éphésiens 2 : 8
07	**Il nous donne Sa puissance**	Éphésiens 1 : 19 Philippiens 2 :13
08	**Il est fidèle envers nous**	Philippiens 1 : 6 Hébreux 13 : 5
09	**Il nous donne Sa paix**	Colossiens 3 : 15
10	**Il nous donne Son espérance**	Éphésiens 1 : 18
11	**l nous donne Son espérance**	Éphésiens 1 : 18

12	**Il nous donne le repos**	Hébreux 4 : 3
13	**Il nous donne la joie**	Romains 15 : 13 1 Pierre 1 : 8
14	**Il nous console**	2Thessaloniciens 2:16
15	**Il intercède pour nous**	Hébreux 7 : 25, 9 : 24 ; Romains 8 : 34
16	**Il nous garde**	Romains 5 : 2
17	**Il nous instruit**	Tite 2 : 2-13
18	**Il nous soutient dans les détails et les circonstances de la vie**	Romains 1 : 16
19	**Il nous donne un héritage**	Éphésiens 1 : 14 Colossiens 3 : 24 Hébreux 9 : 15 1 Pierre 1 : 4
20	**Nous sommes en communion avec Lui**	1 Corinthiens 1 : 9 1 Jean 1 : 9
21	**Il est fidèle envers nous dans la souffrance**	Romains 8 : 18 Philippiens 1 : 29 Colossiens 1: 24 1Thessaloniciens 3:3

		2 Timothée 2 : 12 1 Pierre 2 : 20, 4 : 12-13
22	**La Parole de Dieu œuvre en nous**	1Thessaloniciens 2:13
23	**Nous ne sommes point confus**	Romains 9 : 33, 10 :11
24	**Nous n'aurons jamais soif**	Jean 6 : 35
25	**Nous ne serons jamais confondus**	1 Pierre 2 : 6
26	**Nous vainquons le monde**	1 Jean 5 : 5
27	**Sa grande puissance est envers nous qui croyons**	Éphésiens 1 : 19

Il est surprenant de voir le nombre de croyants qui vivent sans cette réalité. Ils demeurent dans l'accusation.

Plus on découvre notre position, moins nous voulons demeurer dans la poussière de notre culpabilité.

1 Samuel 2 : 8 « De la poussière il retire le pauvre, Du fumier il relève l'indigent, Pour les faire asseoir avec les grands. Et il leur donne en partage un trône de gloire ».

La glorieuse richesse de son héritage (Éphésiens 1 :18)

Éphésiens 1 : 16-19

16. *Je ne cesse de rendre grâces pour vous, faisant mention de vous dans mes prières,*

17. *Afin que le Dieu de notre Seigneur Jésus–Christ, le Père de gloire, vous donne un esprit de sagesse et de révélation, dans sa connaissance,*

18. *Et qu'il illumine les yeux de votre cœur, pour que vous sachiez quelle est l'espérance qui s'attache à son appel, quelle est la richesse de la gloire de son héritage qu'il réserve aux saints,*

19. *Et quelle est envers nous qui croyons l'infinie grandeur de sa puissance, se manifestant avec efficacité par la vertu de sa force.*

- Après leur avoir dit toutes les bénédictions que Dieu réserve à ceux qui croient, l'apôtre prie pour les Éphésiens.

- Paul veut que les Éphésiens aient les yeux du cœur illuminés sur 3 choses.

- L'espérance de son appel
- La gloire de son héritage
- L'infinie grandeur de sa Puissance

- Pourquoi le cœur?

La Bible dit qu'on voit des yeux, qu'on entend des oreilles, mais que c'est à partir du cœur que nous comprenons ***(Matthieu 13 : 15).***

Le cœur est le siège des affections morales : *« de lui viennent les sources de la vie ».*

Proverbes 4 : 23 *«* Garde ton cœur plus que toute autre chose, Car de lui viennent les sources de la *vie ».*

C'est le mot pour parler de l'âme (volonté, intelligence, émotions, conscience de soi, et la conscience de Dieu). Il prie donc que Dieu illumine tes choix, le contenu de tes pensées, la qualité de tes émotions, la conscience que tu as de toi et même la conscience que tu as de Dieu. Par la glorieuse richesse de son héritage qu'Il réserve au milieu des saints.

- Que vos choix soient en fonction de cet héritage ;
- Que vos pensées soient continuellement fixées sur les valeurs éternelles ;
- Qu'émotionnellement vous puissiez apprécier, par le St-Esprit qui est le gage de l'héritage (v.13) ;
- Que votre conscience de vous-même soit celle qu'Il a de vous… « fils et héritier » :
- Que vous soyez conscients de Dieu au milieu même des épreuves.

- *« Avoir un cœur »* ou *« Avoir des triples »* sont des expressions qui parlent de courage.

- Je crois que l'apôtre Paul prie pour que les croyants soient encouragés;

- Afin d'avoir les yeux ouverts sur l'espérance de Son appel, nous avons considéré au cours d'une semaine l'importance de la prière. Cela est tellement important que si elle n'est pas prise en compte nous nous installerons dans ce monde et ne vivrons pas comme un peuple saint et zélé pour de bonnes œuvres ***(Tite 2 : 14).***

- Saisissons l'importance d'avoir les yeux de notre cœur ouvert pour que nous comprenions « *la glorieuse richesse de son héritage qu'il réserve au milieu des saints*. »

Quel est Son héritage au milieu des saints ?

Les saints sont l'héritage de Christ

- Dieu appelle ceux qui ont crus en Lui son héritage ***(Psaumes 2 :7).***

- Il les considère comme des trésors d'une valeur incomparable ***(Timothée 2 : 14, 1 Pierre 2 : 9).***

- C'est par Grâce qu'Il prend des pécheurs indignes et les appelle Son héritage!

- C'est de cet héritage que Christ fait des dons dans ***Éphésiens 4 : 8*** : « *Il a fait des dons aux hommes* ».

- La richesse de Son héritage au milieu des saints, ce sont les gens.

- Dieu nous a donné des hommes et des femmes pour façonner Christ dans nos vies, pour nous perfectionner.

- Dieu nous a donné des gens à aimer et à servir!

1 Thessaloniciens 2 : 19-20 nous l'exprime clairement

19. *Qui est, en effet, notre espérance, ou notre joie, ou notre couronne de gloire ? N'est-ce pas vous aussi, devant notre Seigneur Jésus, lors de son avènement ?* `

20. *Oui, vous êtes notre gloire et notre joie.*

Des gens ne cesseront d'affluer vers vous, ils seront éternellement reconnaissants que vous ayez participé à leur obéissance de foi.

Qu'il illumine les yeux de notre cœur pour que nous ayons du discernement, que les gens que nous conduisons à Christ participent à notre gloire éternelle :

✓ ***Daniel 12 : 3** – NBS - Ceux qui auront eu du discernement brilleront comme brille la voûte céleste - ceux qui auront amené la multitude à la justice, comme des étoiles, pour toujours, à jamais.*

La Gloire de son héritage est tout ce que nous hériterons

- Je crois que Dieu veut que nous comprenions, dans notre cœur, la gloire présente et future associées aux souffrances actuelles.

Romains 8 : 17-18…

17. *Or, si nous sommes enfants, nous sommes aussi héritiers : héritiers de Dieu, et cohéritiers de Christ, si (Puisque) toutefois nous souffrons avec lui, afin d'être aussi glorifiés avec lui.*

18. *J'estime qu'il n'y a pas de commune mesure entre les souffrances du temps présent et la gloire à venir qui sera révélée pour nous.*

- Ce verset ne nous dit pas que si nous souffrons, nous serons sauvés.

- La Bible dit toutefois que nous serons récompensés d'un niveau de gloire, si nous avons accepté, pour glorifier Dieu, de souffrir une quelconque injustice.

Matthieu 5 : 11-12…

11. *Heureux serez-vous, lorsqu'on vous insultera, qu'on vous persécutera et qu'on répandra sur vous toute sorte de mal, à cause de moi.*
12. *Réjouissez-vous et soyez dans l'allégresse, parce que votre récompense sera grande dans les cieux, car c'est ainsi qu'on a persécuté les prophètes qui vous ont précédés.*

- Il y a une gloire à se taire quand on a raison.

- La façon dont vous réglez les conflits sans rendre la pareille révèle votre noblesse, elle révèle le royaume de Dieu.

- **Proverbes 20:3** *C'est une gloire pour l'homme de se tenir loin des disputes, Mais tout homme stupide est déchaîné.* Exemple « Je vais lui dire ce que je pense ».

- Jésus dit que nous serons reconnus pour fils de Dieu si nous procurons la paix autour de nous (Matthieu 5 : 9).

- Pourquoi voulons-nous avoir raison et réagissons-nous ?

  ✓ **La mauvaise image propre :** nous ne voulons pas être reconnu coupable. Notre cœur n'est pas illuminé pour que nous comprenions notre position de saint et irréprochable

(1 :4). Ils **vivent** emprisonnés par ce que les gens pensent d'eux !

- ✓ **L'ignorance de la miséricorde :** nous ne comprenons pas la gloire de prendre la culpabilité de l'autre afin de le libérer pour qu'il se sente à l'aise de renouer la communion avec nous.

- ✓ ***La peur de souffrir :*** *peur d'être rejeté.*

1 Pierre 2 : 18-24…

18. *Serviteurs, soyez soumis en toute crainte à vos maîtres, non seulement à ceux qui sont bons et doux, mais aussi à ceux qui sont d'un caractère difficile.*

19. *Car c'est une grâce que de supporter des afflictions par motif de conscience envers Dieu, quand on souffre injustement.*

20. *En effet, quelle gloire y a-t-il à supporter de mauvais traitements pour avoir commis des fautes ? Mais si vous supportez la souffrance lorsque vous faites ce qui est bien, c'est une grâce devant Dieu.*

21. *Et c'est à cela que vous avez été appelés, parce que Christ aussi a souffert pour vous, vous laissant un exemple, afin que vous suiviez ses traces,*

22. *Lui qui n'a point commis de péché, Et dans la bouche duquel il ne s'est point trouvé de fraude ;*

23. *Lui qui, injurié, ne rendait point d'injures, maltraité, ne faisait point de menaces, mais s'en remettait à celui qui juge justement ;*

24. *Lui qui a porté lui–même nos péchés en son corps sur le bois, afin que morts aux péchés nous vivions pour la justice ; lui par les meurtrissures duquel vous avez été guéris.*

- Ce verset nous montre que Christ, sans péché, a pris le tort sur Ses épaules et qu'en le faisant Il nous a guérit.

- Il y a des relations qui ne seront jamais guéries à cause de l'accusation, parce que les gens se défendent et veulent avoir raison.
- Les réactions sont naturelles et appartiennent à ce monde.

1 Corinthiens 15 : 46 *« Mais ce qui est spirituel n'est pas le premier, c'est ce qui est naturel ; ce qui est spirituel vient ensuite ».*

- Des âmes peuvent être gagnées par une conduite aimable, un esprit doux et conciliant qui ne cherche pas à se défendre quand il est blessé. Ces âmes sont votre gloire! Ils sont votre victoire sur l'offense!

- À l'inverse, une personne peut être déçue de vos réactions et rejeter l'évangile que vous croyez par votre attitude envers les autres.

Exemples :

- Un Enfant qui a l'habitude de voir ses parents se chicaner
- Un Non-croyant ou nouveau croyant qui voit des croyants se diviser
- Une femme a confessé que le pire moment de sa vie c'était: « Les 2 divisions d'églises »
- Un frère m'a confessé suite à des conflits à la tête dirigeante d'une église: « J'aurais aimé que Dieu vienne me chercher! »

Éphésiens 4 : 29-32…

29. *Qu'il ne sorte de votre bouche aucune parole mauvaise, mais s'il y a lieu, quelque bonne parole, qui serve à l'édification et communique une grâce à ceux qui l'entendent.*

30. *N'attristez pas le Saint Esprit de Dieu par lequel vous avez été scellés pour le jour de la rédemption.*

31. *Que toute amertume, toute animosité, toute colère, toute clameur, toute calomnie, et toute espèce de méchanceté, disparaissent du milieu de vous.*

32. *Soyez bons les uns envers les autres, compatissants, vous pardonnant réciproquement, comme Dieu vous a pardonné en Christ.*

Conclusion

- L'héritage de Christ, c'est un peuple qu'Il a mis à part pour Lui appartenir
- Il nous demande de prendre soin de Son héritage.

Si cela amène son lot de sacrifice et de douleur, le passage ***Éphésiens 1 : 16-19*** *aujourd'hui nous encourage à demander à Dieu d'éclairer nos cœurs sur la glorieuse richesse de son héritage au milieu des saints.*

Éphésiens 1 : 16-19

16. *Je ne cesse de rendre grâces pour vous, faisant mention de vous dans mes prières,*

17. *Afin que le Dieu de notre Seigneur Jésus–Christ, le Père de gloire, vous donne un esprit de sagesse et de révélation, dans sa connaissance,*

18. *Et qu'il illumine les yeux de votre cœur, pour que vous sachiez quelle est l'espérance qui s'attache à son appel, quelle est la richesse de la gloire de son héritage qu'il réserve aux saints.*

Dieu pense à vous.

Jésus vous aime profondément, mais parce que nous avons tous péché, nous sommes séparés de Dieu (Romains 3 : 23 Romains 6 : 23). Cependant, Dieu pense à vous et Il a pourvu à une façon de partager Son Amour avec vous.

L'Amour de Jésus Christ pour l'homme était tellement grand qu'il est venu sur terre afin de mourir sur la croix pour les péchés du monde entier. Il a versé son sang pour vous, pour que vous puissiez être pardonné et recevoir la vie éternelle. La seule chose qu'Il vous demande est de venir à Lui avec une foi simple. Croyez en son caractère et en Son amour pour vous, et acceptez-le comme votre Sauveur. « Alors quiconque invoquera le nom du seigneur sera sauvé » Actes 2 : 21

Priez simplement :

« Cher Jésus, je sais que je suis un pécheur. je te reçois comme mon Sauveur personnel. Merci de m'avoir aimé au point de mourir pour moi, afin que je puisse avoir la vie éternelle avec toi. Amen »

Jésus vous fait la promesse qu'Il ne cessera jamais de vous aimer, jamais Il ne vous délaissera, jamais Il ne vous abandonnera (Hébreux 13/5).

Développez votre relation avec Lui en lisant la Bible, en priant, et en étant membre d'une église où l'on croit que la Bible est la parole de Dieu.

Pasteur Bamouni Babou s'est converti en Septembre 1979 à Gagnoa en Côte-d'Ivoire.

De 1985 à 1989, il suit des cours théologiques décentralisés. Dans la même période, il se forme au journalisme à Universalis / Liège-Belgique.

De 1989 à 1990, sa formation théologique se poursuit à l'école Baptiste de Théologie pour l'Afrique Occidentale (EBTAO) à Lomé au Togo. Puis, de retour au Burkina, l'homme de Dieu dirige une église dans la province du Sanguié.

Quelques temps après, étreint par le désir intenable de se former davantage et soucieux de la précision qu'exige la dispensation de la parole de Dieu, il quitte la direction de l'église locale pour se remettre aux pieds du Seigneur à l'Institut Biblique de Lomé (Togo).

Aujourd'hui diplômé de l'Ecole Baptiste de Théologie pour l'Afrique Occidentale, de l'Institut Biblique de Lomé ou il est ordonné par le Ministère Greater Grace World Outreach de Baltimore aux USA, le

Pasteur Bamouni expose le cœur de Dieu (la Grâce), avec une compréhension profonde de l'œuvre accomplie de Jésus-Christ. Et des vies sont touchées et transformées par le plein conseil de Dieu qu'il explique avec habileté.

Eglise Evangélique de la Grâce de Ouagadougou – Gounghin
Phone: (00226) 78 81 32 59
E-mail: jbbamouni@hotmail.com
E-mail: jbmouni2003@yahoo.fr
Site Web: ***www.ggwo-burkina.org***

Printed by Books on Demand GmbH, Norderstedt / Germany